¿Flota o se hunde?

por Siu Lee

ilustrado por
Doreen Gay Kassel

Scott Foresman
is an imprint of

PEARSON

Glenview, Illinois • Boston, Massachusetts • Chandler, Arizona
Upper Saddle River, New Jersey

Illustrations by Doreen Gay Kassel

ISBN 13: 978-0-328-53425-8
ISBN 10:   0-328-53425-0

2 3 4 5 6 7 8 9 10 V0N4 13 12 11 10

Unas cosas flotan y otras se hunden. Extraordinario, pero ¿te has preguntado por qué sucede así?

Cuando haces preguntas, piensas como un científico. Los científicos siempre quieren saber más sobre la vida en la Tierra. Por eso estudian ciencias.

Piensa en cosas que flotan. ¿Flota el dinero? Un billete flota, pero una moneda se hunde. La ropa flota por un rato. Pero una vez que se moja, se hunde. Algunas plantas flotan y otras se hunden.

En ciencias, hacer una pregunta sobre algo significa definir el problema.

Flotar: Lo que ya sé	Flotar: Lo que quiero saber
Hay aves que flotan en los ríos, los lagos y el mar.	¿Dónde es más fácil flotar, en agua salada o en agua dulce?
Los barcos flotan en los ríos, los lagos y el mar.	
Las monedas se hunden.	
La ropa absorbe el agua, luego se hunde.	

Los científicos recuerdan lo que ya saben. Luego piensan sobre lo que quieren saber. Colaboran entre ellos y se pasan mucho tiempo haciéndose preguntas.

En tu casa, pon a prueba esta pregunta: Si algo flota en agua salada, ¿flotará también en agua dulce como agua de lluvia?

5

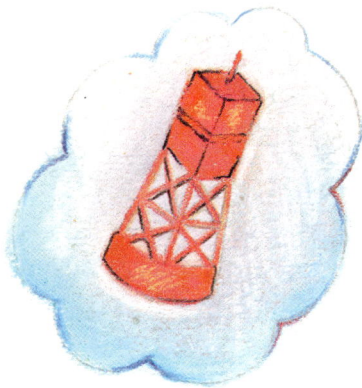

El científico trata de dar una respuesta a la pregunta. Luego, hace una prueba para comprobar y hallar la respuesta.

Tú ya sabes que los barcos flotan en el mar. Algunas aves también flotan en el mar. El mar tiene agua salada.

Los barcos y las aves también flotan en los lagos. La mayoría de los lagos son de agua dulce.

Podrías decir entonces que si algo flota en agua dulce también flotará en agua salada.

A continuación, pon a prueba tu hipótesis sobre el agua salada y el agua dulce.

Vas a necesitar una olla grande, 1 naranja, 1 taza de sal y 10 tazas de agua.

Esta prueba se hace en dos partes. Primero, vas a hacer la prueba con agua dulce. Después, vas a hacerla con agua salada.

Lo único que cambia en la prueba es la sal. La olla, el agua y la naranja no cambian.

Pon las 10 tazas de agua en la olla. Pela la naranja. Puedes esconder la cáscara. Pon la naranja en la olla. Observa y describe lo que sucede.

La naranja se hunde.

En ciencias, tomar notas de lo que observas
se llama reunir y anotar datos.

agua dulce	agua salada
la naranja se hunde	la naranja flota

Saca la naranja de la olla. Ahora, mezcla
una taza de sal en la misma cantidad de agua.
Echa la misma naranja en la olla. Observa
y escribe lo que sucede.

La naranja flota.

Planteamos una hipótesis. La pusimos a prueba. La hipótesis no era correcta, pero no importa. ¡Nuestra prueba fue la mejor! Aprendimos que algunas cosas se hunden en agua dulce, pero flotan en agua salada.

Colabora con las ciencias. Comparte lo que aprendiste con un amigo o un vecino.